O QUE NÃO TE CONTARAM SOBRE O MOVIMENTO ANTIRRACISTA

O QUE NÃO TE CONTARAM SOBRE O MOVIMENTO ANTIRRACISTA

GEISIANE FREITAS
Cientista Social e Mestre em Sociologia pela UFPB

&

PATRÍCIA SILVA
Comunicóloga e Pós-Doutoranda em Sociologia pela UFRJ

COPYRIGHT © FARO EDITORIAL, 2023

Todos os direitos reservados.
Nenhuma parte deste livro pode ser reproduzida sob quaisquer meios existentes sem autorização por escrito do editor.
Avis Rara é um selo de Ciências Sociais da Faro Editorial.

Diretor editorial **PEDRO ALMEIDA**
Coordenação editorial **CARLA SACRATO**
Preparação **TUCA FARIA**
Revisão **BÁRBARA PARENTE**
Capa e diagramação **VANESSA S. MARINE**
Imagens de miolo **VANESSA S. MARINE** e **@FREEPIK**

Dados Internacionais de Catalogação na Publicação (CIP)
Jéssica de Oliveira Molinari CRB-8/9852

Freitas, Geisiane
  O que não te contaram sobre o movimento antirracista / Geisiane Freitas, Patrícia Silva. — São Paulo : Faro Editorial, 2023.
  96 p.

BIBLIOGRAFIA
ISBN 978-65-5957-379-0

1. Ciências sociais 2. Antirracismo 3. Racismo I. Título II. Silva, Patrícia

23-2098   CDD 305.8

Índices para catálogo sistemático:
1. Ciências sociais

1ª edição brasileira: 2023
Direitos de edição em língua portuguesa, para o Brasil, adquiridos por FARO EDITORIAL
Avenida Andrômeda, 885 - Sala 310
Alphaville — Barueri — SP — Brasil
CEP: 06473-000
www.faroeditorial.com.br

SUMÁRIO

7 Apresentação

13 Racismo existe, tá ok?

21 Cadê a estrutura do racismo estrutural?

    32 A falha técnica da teoria do racismo estrutural

    35 As ideias têm consequências

43 Lugar de fala ou terreno de Schrödinger?

59 Apropriação cultural: cultura tem dono?

71 O movimento negro contemporâneo: linchamento, sabotagem e racismo

89 Bibliografia

APRESENTAÇÃO

É evidente, há décadas, que a pauta racial se tornou propriedade da esquerda[1] no Brasil. Seu domínio é tão pujante sobre a temática que muitas pessoas pensam que só é possível ser antirracista se for de esquerda; não há nada mais equivocado que isso.

Os conservadorismos inglês e americano – na figura de seus partidos políticos, Conservador e Republicano, respectivamente – demonstram preocupação em encaminhar soluções para o combate de uma das maiores pragas da atualidade: o racismo. Os noticiários mostram como os partidos Conservador[2]

---

1 Para fins desta obra, as autoras utilizarão os termos "esquerda" e "progressismo" como sinônimos, mesmo reconhecendo que o último é mais adequado que o primeiro.

2 "O Partido Conservador, ao qual Truss pertence, tem feito um esforço contínuo para ampliar a diversidade interna desde o início dos anos 2000. O movimento foi chefiado sobretudo por David Cameron, líder entre 2005 e 2016", afirma a reportagem publicada em 06/09/22 na *Folha de S. Paulo*: https://www1.folha.uol.com.br/mundo/2022/09/liz-truss-forma-1o-gabinete-com-mulheres-e-negros-em-principais-cargos.shtml.

e Republicano[3] assumem posicionamentos antirracistas e uma postura pró-diversidade, admitindo que um problema existe e deve ser tratado com diligência e prudência. Isso não é surpresa alguma. Afinal, como já disse Russell Kirk em *A Política da Prudência*: "Os conservadores preocupam-se mais com coisas reais do que com as abstrações". O racismo é um problema real; por isso, deve ser objeto de preocupação dos conservadores.

Por sua vez, o movimento conservador brasileiro contemporâneo[4] parece destoar das posturas dos irmãos do hemisfério norte e tendem a tratar o racismo como inexistente ou até mesmo como "mimimi", uma expressão pejorativa que objetiva desdenhar daqueles que são suas vítimas. Não precisa ser expert em ciência política para perceber que chamar de "mimimi" um problema real que atinge, em maior ou menor grau, 54% da população brasileira[5] é uma estratégia néscia para aproximar o povo do pensamento conservador.

---

3 "Os candidatos republicanos à Câmara poderiam ajudar o partido a expandir o número de membros negros, hispânicos, asiáticos e femininos de sua bancada", diz a reportagem publicada na *NBC News* (tradução nossa): https://www.nbcnews.com/meet-the-press/meetthepressblog/republi cans-look-expand-diversity-house-recruits-rcna54344.

4 Para fins desta obra, estamos nos referindo ao movimento político brasileiro que emergiu, sobretudo, nos últimos anos; não à tradição conservadora enquanto epistemologia, filosofia etc.

5 Ver o artigo "Dados do IBGE mostram que 54% da população brasileira é negra" no *Jornal da USP*: https://jornal.usp.br/radio-usp/dados-do-ibge-mostram-que-54-da-populacao-brasileira-e-negra/.

Na verdade, é correto dizer que o afastamento do conservadorismo dessa temática ajuda a reforçar o argumento progressista de que conservadores são elitistas e racistas. Muitos direitistas – conservadores, liberais e afins – justificam seu afastamento da temática em razão da observável histeria que o ativismo antirracista desenvolveu a partir dos anos 2010.

Os excessos cometidos pela militância contemporânea não autorizam que conservadores abandonem tal pauta. Se a pauta hoje se encontra em pleno domínio do progressismo, é justo apontar que a direita brasileira tem um quinhão de responsabilidade na esquizofrenia ideológica em que estamos inseridos por ter se mantido silente sobre o assunto durante décadas. Como diz Joel Rufino dos Santos em *O Que é Racismo* (1984), "esta tática de esconder conflitos, para diminuí-los, é tão brasileira quanto o peixe de coco (...)".

Para dizer a verdade, a esquerda não é tão antirracista como afirma. A atual geração que, de alguma forma, está conectada com o mundo acadêmico não sabe, mas aqui vai uma informação: no início dos anos 2000, boa parte da esquerda era contra as cotas raciais nas universidades públicas. Sabe o Caetano Veloso? Ele assinou o manifesto contra cotas![6] Muniz Sodré (2023)

---

6 "Intelectuais lançam manifesto contra cotas". *Simon's Site*: https://www.sch wartzman.org.br/sitesimon/intelectuais-lancam-manifesto-contra-cotas/.

afirma o seguinte sobre a posição da esquerda no Brasil a respeito da pauta racial:

É que a sensibilidade social da esquerda histórica no Brasil sempre foi protegida por espaços urbanos e bibliotecas: enxergou nos livros o escravismo, mas desconsiderou a realidade do racismo persistente, porque ficou cega à forma social escravista, entretanto bastante visível ao olhar voltado para a proximidade do cotidiano e dos embates institucionais. (...) (p.229)

Nós entendemos que está na hora de vozes conservadoras entrarem nesse debate. O progressismo precisa deixar de ocupar o lugar de porta-voz solitário da negritude. É por isso que escrevemos este livro: para você conhecer o *mínimo sobre racismo e antirracismo*.

Veja: aqui, nós vamos falar *o que não te contaram sobre o movimento antirracista*, mas estamos confiantes de que você continuará seus estudos de modo a ampliar seus conhecimentos.

Neste livro, apresentamos cinco capítulos, a saber:

Racismo existe, tá ok? – Nosso objetivo aqui é mostrar, de forma bastante breve, que o racismo no Brasil existe. Apresentamos, ainda, uma conceituação de racismo.

Cadê a estrutura do racismo estrutural? – Passando as partes introdutórias, vamos apresentar nossas críticas a terminologias desenvolvidas pelo ativismo antirracista contemporâneo. Aqui falaremos da estrutura do racismo estrutural.

Lugar de fala ou terreno de Schrödinger? – Se tem um conceito que não sai da boca do povo é "lugar de fala". Aqui nós vamos aproveitar o nosso lugar de fala para desconstruir o conceito.

Apropriação cultural: cultura tem dono? – Outro conceito popular em que apresentaremos nossos modestos comentários.

O movimento negro contemporâneo: linchamento, sabotagem e racismo – Encerramos este livro apresentando um panorama geral do movimento negro na contemporaneidade e como ele se posiciona perante negros que, publicamente, não se associam com o progressismo.

RACISMO EXISTE, TÁ OK?

"Onde você guarda seu racismo?"

Esse foi o título de uma famosa pesquisa conduzida pela Fundação Perseu Abramo em 2003.[1] Segundo dados dessa pesquisa, 87% dos brasileiros afirmaram que há racismo no Brasil, mas apenas 4% admitem-se racistas.

Consegue perceber o problema? A maioria é capaz de identificar o racismo dos outros, não em si próprio. Essa pesquisa voltou a nossa mente após assistir a *Adivinhe Quem Vem para Jantar*.

Esse filme, disponível para alugar no YouTube, narra a história de amor entre John Prentice, um médico negro interpretado por Sidney Poitier, e Joanna Drayton, uma jovem branca de classe alta. Joanna informara os pais que se casaria com John – mas por telefone... Eles não sabiam que John era negro!

---

1 "Onde você guarda o seu racismo?" *Portal EMDiálogo*: http://www.emdia logo.uff.br/node/3144.

John, ao chegar para o referido jantar, notando que os pais de Joanna estavam chocados por ele ser negro, conversa com eles em particular. Logo após, a mãe de Joanna diz o seguinte: "Ele tem razão! Joanna é exatamente como nós a criamos. Ensinamos que é errado os brancos se sentirem superiores aos negros, mas nunca lhe dissemos para não se apaixonar por um homem negro".

Após essa cena, a lembrança da pesquisa "Onde você guarda seu racismo?" veio à mente. Perceba: os pais de Joanna a educaram para não ser racista. Mas então, sentem-se chocados e sem saber o que fazer ao deparar com um genro negro. É possível fazer um breve paralelo com o cenário das respostas da pesquisa citada, que pode ser sintetizada assim: **"No Brasil, quase todo o mundo é racista, menos eu"**. No caso dos pais de Joanna, a situação pode ser sintetizada mais ou menos assim: **"Nós não somos racistas, mas não tente ser nosso genro"**.

O filme é de 1967, mas o consideramos perfeito para mostrar a sutileza do racismo nas relações interpessoais. Percebemos a resistência de conservadores e liberais brasileiros no enfrentamento do racismo e na abordagem da pauta racial; é como se sujeitos alinhados à direita se recusassem a encarar uma situação real e importante. O fato é que racismo existe, tá ok? Nenhum país do mundo desconhece uma forma qualquer de racismo.

Para começar, vamos ao básico: apontar a origem e definir o que é racismo, preconceito racial e discriminação racial. Segundo Francisco Bethencourt em seu livro *Racismos: das Cruzadas ao Século XX*: "(...) os termos 'racista' e 'racismo' foram criados recentemente, em finais do século XIX, início do século XX, para designar aqueles que promoviam a teoria racial combinada com a hierarquia de raças".

Consultamos o verbete "racismo" na *Enciclopédia Jurídica da PUCSP* – escrito pelo professor Sílvio Luiz de Almeida – e encontramos uma definição bastante satisfatória. Veja:

> O racismo é uma forma de discriminação que leva em conta a raça como fundamento de práticas que culminam em desvantagens ou privilégios para indivíduos, a depender do grupo racial ao qual pertençam. Embora relacionado, o racismo difere do preconceito racial e da discriminação racial. O preconceito racial é o juízo acerca de um determinado grupo racial baseado em estereótipos que pode ou não resultar em práticas discriminatórias nocivas. Nesse sentido, considerar negros violentos e inconfiáveis, judeus avarentos ou orientais "naturalmente" preparados para as ciências exatas são exemplos de preconceitos. A discriminação racial, por sua vez, é a atribuição de tratamento diferenciado a membros de grupos racialmente identificados.[2]

---

2 Extraído da *Enciclopédia Jurídica da PUCSP*: https://enciclopediajuridica. pucsp.br/verbete/92/edicao-1/racismo.

O preconceito e a discriminação dinamizam e operacionalizam o racismo, tornando-o, segundo o Ministério da Justiça:

> (...) um fenômeno histórico cujo substrato ideológico preconiza a hierarquização dos grupos humanos com base na etnicidade. Diferenças culturais ou fenotípicas são utilizadas como justificações para atribuir desníveis intelectuais e morais a grupos humanos específicos.

Talvez seja pertinente outro exemplo para que você, leitor, consiga visualizar como o racismo é operacionalizado na sociedade brasileira. Para isso, nós, que somos professoras de formação, vamos puxar a brasa para nosso campo: a educação.

Marília Pinto de Carvalho – pesquisadora da Universidade de São Paulo, que se dedica há mais de duas décadas aos estudos sobre fracasso e sucesso escolar e suas relações com as dimensões de raça e gênero –, ao analisar o fenômeno do fracasso escolar entre meninos negros, faz um apontamento importante em "Quem são os meninos que fracassam na escola?": o olhar do professor pode contribuir com o insucesso escolar de muitos meninos:

> Se considerarmos que a avaliação escolar utilizada neste caso é construída pelas próprias professoras, podemos supor tanto que elas tendem a perceber como negras as

crianças com fraco desempenho, com relativa independência de sua renda familiar, quanto que tendem a avaliar negativamente ou com maior rigor o desempenho de crianças percebidas como negras.

Ainda que seja imprudente generalizar, preconceitos explícitos estavam presentes nas falas de alguns professores entrevistados pela pesquisadora. Veja um exemplo:

> A J. é pardinha, tem o cabelo ruim, hem [ri]. Esse menino aqui eu vou colocar PA, para você saber que é pardo. O J., a mãe dele é bem preta, retinta, mas ele é branco, fazer o quê? [ri]. A mãe dele é bem acentuada, o cabelo ruim mesmo, daqueles bem "bombril"; mas ele deve ter colocado branco. A L. também é branca. Esse L. eu classificaria como preto. Como dizia a minha bisavó – minha bisavó era dona de escravos, então na minha família o preconceito era muito forte. Pro meu pai, preto para ser bom tinha de ter alguma coisa de branco, pelo menos a alma. Você lembra disso?

No livro *Do Silêncio do Lar ao Silêncio Escolar: Racismo, Preconceito e Discriminação na Educação Infantil*, Eliane Cavalleiro, ao pesquisar sobre socialização de crianças na educação infantil, traz apontamentos semelhantes aos de Carvalho no que diz respeito à postura docente. As falas das professoras entrevistadas pela pesquisadora evidenciam como o racismo integra a cultura escolar:

> Eu chamo a criança e converso com ela. Falo: "Vem cá: ele não é igual a você? Ele não é um ser humano igual a você? Só que infelizmente ele é de uma raça e você é de outra. Só que vocês são crianças iguais. Vocês são seres humanos iguais. Vocês são filhos de Deus iguais".
>
> É que nem eu falo: [o negro] é um ser humano, ele não escolheu de que cor ele queria ser.
>
> Na história há o patinho feio. A gente conta, aquele patinho feio é como se fosse o preto, e os outros eram mais bonitos. No fim, ele vira o cisne. Porque ele não era patinho, ele era cisne. É uma diferença também racial. Depois, ele ficou bonito, quer dizer que quando cresce ele pode ficar bonito. Porque às vezes a criança não nasce bonita, ela cresce, estuda, aí fica mais bonita.
>
> Nas próprias histórias infantis existe aquela madrasta, a bruxa. Em relação a uma coisa má e a uma coisa boa. Então, a gente pode aproveitar a raça nesse sentido. Porque, às vezes, uma pessoa, por exemplo, é preta e tem a alma branca. As pessoas também são diferentes, podem ser negras [ou] da raça branca, mas todas são iguais. São feitas de carne e osso. Porque, às vezes, uma pessoa, por exemplo, é preta e tem a alma branca. E a branca pode ter a alma preta.

Analisando biografias de homens negros, bell hooks, conhecida teórica feminista e crítica cultural americana, em *A Gente é da Hora: Homens Negros e Masculinidade* (2022), também indica como os docentes tendem a criar estereótipos para meninos negros, gerando dificuldades de aprendizagem: "(...) ao compartilhar suas memórias escolares, Ellis Cose escreve que, quando olha para trás, percebe que crianças negras e pobres 'eram consideradas essencialmente não ensináveis'".

Os trechos apresentados anteriormente demonstram um cenário grave de reprodução de racismo dentro de um local que, para a criança, é sua segunda casa: a escola. Como é possível viver e aprender num ambiente em que os responsáveis reproduzem racismo?

Sim, racismo existe. Tá ok?

CADÊ A ESTRUTURA DO RACISMO ESTRUTURAL?

Nos últimos cinco anos, o termo "racismo estrutural" ganhou um gigantesco espaço no cenário cultural brasileiro e, assim como "lugar de fala" e "apropriação cultural", tornou-se uma palavra-chave dentro de qualquer discussão *mainstream* sobre racismo. Para tratar do complexo tema das relações raciais no Brasil, o debate público deixou de demandar lógica ou uma construção argumentativa razoável; basta sinalizar que o problema é o "racismo estrutural" e, como num passe de mágica, tudo estará explicado.

Contudo, ativistas – e até mesmo alguns intelectuais – deixaram de observar que o racismo estrutural é apenas mais uma teoria para interpretar a realidade. De acordo com o *Oxford Languages*, teoria é um conjunto de conhecimentos especulativos, metódicos e organizados, de **caráter hipotético** e sintético. Portanto, o racismo estrutural é, apenas, mais uma teoria produzida dentro das Ciências Sociais Aplicadas, que pode ser submetida a discordâncias e concordâncias da comunidade acadêmica e dos participantes do debate público.

O termo racismo estrutural se tornou tão cotidiano que, por vezes, parece ser algum produto da natureza. A maioria das pessoas, tão imersas no discurso hegemônico difundido por intelectuais, mídia e ativistas, não faz uma pergunta muito simples: existe "racismo estrutural"?

Em 2022, nós decidimos estudar o termo racismo estrutural – e divulgar em nossas redes sociais os nossos achados e impressões – porque algo nos incomodava: a rápida, e sem resistência, absorção/aceitação da teoria do racismo estrutural no meio acadêmico.

O leitor deve perdoar nosso ceticismo, mas estamos no ambiente acadêmico por toda a nossa vida adulta; e ficamos desconfiadas quando vemos uma rápida aceitação pela *intelligentsia*[1] nacional da ideia de que a sociedade brasileira inteira é "estruturalmente racista". Já pensamos imediatamente: esse consenso está servindo a quem? Por que todo mundo está, aparentemente, tranquilo com o estabelecimento de que a estrutura da sociedade inteira é racista?

No início dos anos 2000, a discussão sobre política de ações afirmativas no ensino superior foi acalorada. Embates aconteceram. Disputas teóricas aconteceram. Vozes divergentes existiam! Ninguém dentro da academia desenvolveu uma narrativa concorrente à teoria

---

1 *Intelligentsia* é o termo referente à vanguarda intelectual de um país.

do racismo estrutural? Esse silêncio ensurdecedor nos incomoda.

Lançado em 2018 pelo advogado, professor e atual ministro dos Direitos Humanos Silvio Almeida, o livro *Racismo Estrutural* é fruto da tese de doutorado do autor, que foi realizada sob orientação do professor Alysson Mascaro. O livro faz parte da coleção *Feminismos Plurais,* coordenada pela professora Djamila Ribeiro, e tem como objetivo tornar acessível discussões acadêmicas sobre relações raciais e feminismo. O que ocorre, no entanto, pelo menos no livro *Racismo Estrutural,* é a apresentação de uma teoria imprecisa que requer uma prévia carga de leitura para o entendimento da obra.

No prefácio, assinado por Djamila Ribeiro, consta a tônica do livro: "Silvio Almeida, neste livro, parte do princípio de que o racismo é sempre estrutural, ou seja, integra a organização econômica e política da sociedade de forma inescapável (...)".

Silvio Almeida, apesar de não ter conceituado o termo "racismo estrutural", partiu da premissa de que tudo que conhecemos enquanto sociedade é fruto de tal racismo estrutural. Ou seja, para ele, nossa cultura, nosso sistema jurídico, nosso sistema educacional, nossa religião e todas as outras instituições do Ocidente são fruto daquilo que ele mesmo não nos disse exatamente o que é.

Antes de introduzir o leitor ao tema principal do livro – racismo estrutural –, Almeida já deixa claro na introdução que o assunto eleito ali não é raça ou racismo:

> Trata-se, sobretudo, de um livro de *teoria social*. Neste sentido, há duas teses a destacar: uma é a de que a sociedade contemporânea não pode ser compreendida sem os conceitos de raça e de racismo. Procuro então demonstrar como a filosofia, a ciência política, a teoria do direito e a teoria econômica mantêm, ainda que de modo velado, um diálogo com o conceito de raça. A outra tese é a de que o significado de raça e de racismo, bem como suas terríveis consequências, exige dos pesquisadores e pesquisadoras um sólido conhecimento de teoria social.

Além disso, Almeida afirma: "(...) em suma, o que queremos explicitar é que o racismo é a manifestação normal de uma sociedade, e não um fenômeno patológico ou que expressa algum tipo de anormalidade".

A teoria social do racismo estrutural apresentada por Almeida pode ser entendida como uma tentativa de extrapolar o conceito de racismo institucional, que já é academicamente bem desenvolvido, a saber:

> No caso do racismo institucional, o domínio se dá com o estabelecimento de parâmetros discriminatórios baseados na raça, que servem para manter a hegemonia do grupo racial no poder. Isso faz com que a cultura, os padrões estéticos e

as práticas de poder de um determinado grupo tornem-se o horizonte civilizatório do conjunto da sociedade.

Segundo ele, o racismo estrutural pode ser desdobrado em processo político e processo histórico. Enquanto processo político, o racismo pode ser apresentado em dimensão institucional e em dimensão ideológica; como processo histórico, o racismo se manifesta de forma circunstancial e específica e em conexão com as transformações sociais. Para o autor, quatro elementos são o cerne da manifestação estrutural do racismo: ideologia, política, direito e economia.

O autor, ainda que seja um intelectual competente, abriu mão de anunciar o conceito de estrutura em que ele se apoiou para desenvolver o termo "racismo estrutural". É possível estimar (embora o autor não anuncie, é necessário estimar) que ele tenha resgatado o termo "estrutura" do estruturalismo[2] ou do pós-estruturalismo.[3] Mas estrutura segundo quem? Althusser?[4]

---

2 De acordo com o *Educa Mais Brasil*, o estruturalismo é uma corrente de pensamento que busca identificar as estruturas que sustentam todas as coisas.

3 Para além das preocupações relativas às diferenças entre as classes sociais, o **pós-estruturalismo** questiona a sociedade em relação a outras formas de dominação que resultam na exclusão das minorias, como, por exemplo, as relações étnico-raciais, de gênero e de sexualidade. *Revista Conhecimento Online*: "Conhecendo a perspectiva pós-estruturalista".

4 Louis Althusser, filósofo francês.

Lacan?[5] Marx?[6] Foucault?[7] A nosso ver, é estranhíssimo que poucos acadêmicos tenham vindo a público questionar essa ausência. Esse conceito, para desenvolver uma teoria social, importa. Recentemente, Muniz Sodré, professor emérito da UFRJ, publicou o livro intitulado "O fascismo da cor: uma radiografia do racismo nacional" (2023), que causou enorme alvoroço entre ativistas e intelectuais. O motivo do alvoroço foi o seguinte: Sodré (2023) concorda conosco que o racismo no Brasil não é estrutural.

As críticas de Sodré (2023) estão assentadas na mesma premissa que expusemos aqui: Silvio Almeida não apresentou um conceito de estrutura e, portanto, não foi capaz de provar sua tese. Sodré (2023) diz o seguinte:

"(...) Não é nenhuma estrutura que faz funcionar os mecanismos de discriminação. Sem dúvida alguma, essa palavra tem forte apelo político no ativismo afro, mas o 'estrutural' não explica a complexidade do 'arraigado' no sentimento racista." (p.49)

Ou seja, a teoria do racismo estrutural tem mais apelo retórico do que científico.

Nós somos persistentes e continuamos a busca da origem do conceito de estrutura vislumbrado por Silvio Almeida.

---

5 Jacques Lacan, psicanalista francês.

6 Karl Marx, filósofo alemão.

7 Michel Foucault, filósofo francês.

Conhecendo obras prévias do autor, notamos presença marcante da ótica marxista no livro *Racismo Estrutural*, que tem como característica a filosofia baseada no antagonismo de classes. O autor, por sua vez, desloca esse antagonismo de classes para o antagonismo de raças. A perspectiva marxista ignora as diversas nuances do ser humano; quando aplicada à ciência econômica, demonstra todo o show de horrores e erros que tem em sua essência.

O livro *Marxismo e Questão Racial – Dossiê Margem Esquerda*, organizado pelo próprio Silvio Almeida (2021), traz quatro capítulos de autoria de Alessandra Devulsky, Dennis de Oliveira, Moura Márcio Farias e Rosane Borges, além da Apresentação assinada por Almeida. A maior contribuição da referida obra é revelar os vários "não ditos" da teoria do racismo estrutural. Aqui, Silvio Almeida torna explícita sua filiação ao pensamento marxista:

> Se é possível dizer que o marxismo permite uma compreensão científica da questão racial, também se pode afirmar que a análise do fenômeno racial abre as portas para que o marxismo cumpra sua vocação de tornar inteligíveis as relações sociais históricas em suas determinações sociais mais concretas.

Com isso, é possível depreender que a teoria do racismo estrutural busca estabelecer a luta anticapitalista como rota imprescindível para a construção de uma sociedade antirracista. Segundo Almeida (2021):

Os conceitos de classe, Estado, imperialismo, ideologia e acumulação primitiva, superexploração, crise e tantos outros ganham concretude histórica e inteligibilidade quando informados pelas determinações raciais. Nesse sentido, é importante dizer quão essencial o estudo das relações raciais é para a compreensão das especificidades de cada formação social capitalista, especialmente nos países da América, do Caribe, da África e da Ásia.

O capítulo de autoria de Alessandra Devulsky, professora de Direito que reside no Canadá, acentua o apontamento acima: "(...) a dimensão racial da luta de classes está em sua escala mais revolucionária dentro do movimento negro periférico, denunciativo e intervencionista (...)".

Devulsky ainda assevera: "O racismo e o sexismo, enquanto forem expulsos da problemática marxiana como fenômenos de ordem menor, continuarão a existir como impeditivos do exercício político voltado à emancipação total".

A teoria do racismo estrutural é, essencialmente, anticapitalista. O capitalismo passou a emergir, ao lado do cristianismo, imperialismo e patriarcado, na literatura acadêmica especializada em estudos sobre relações raciais como um dos quatro cavaleiros do Apocalipse; segundo essa perspectiva, o que há de pior na civilização ocidental é produto da ação desses quatro cavaleiros. Passou-se a sugerir, implícita ou explicitamente, que o antirracismo é dependente ou consequente do movimento anticapitalista. Mas duas perguntas podem ser feitas aqui: a) qual é a origem desse pensamento?; b) isso é verdadeiro?

A base filosófica que sustenta a premissa do anticapitalismo é o marxismo e, de acordo com ela, a forma como produzimos economicamente está fundamentada na exploração de proletários por burgueses. Movimentos sociais identitários influenciados por esse pensamento compreendem que o proletariado ganha uma identidade que ultrapassa sua classe: agora, ele é o proletariado negro ou o proletariado mulher ou o proletariado mulher e negro, e assim por diante. Nisso, sustenta-se a ideia de que o sistema capitalista fomenta explorações de outras naturezas, tais como o racismo, o machismo e a homofobia. Para entendermos a falácia por trás desse argumento, há dois conceitos primordiais para observarmos: riqueza e desigualdade.

Quando entendemos a ideia da criação de riqueza, a premissa de exploração de uma classe por outra cai por terra, e assim, se não há exploração na forma econômica, não há como esta forma econômica dar origem às explorações de outras naturezas. Nesse cenário, a ideia de que junto com a abolição da propriedade privada aboliríamos, por consequência, problemas sociais como o racismo perde o sentido. A propriedade privada não é fruto de uma exploração onde o burguês tomou posse do que seria do proletariado. Um indivíduo não enriquece em detrimento da pobreza do outro, ou seja, não é um jogo de soma zero.

Eis a afirmação de Thomas Sowell, em *Discriminação e Disparidades* (2020):

> (...) se a riqueza dos capitalistas ricos viesse da exploração dos trabalhadores, seria plausível esperar que onde houvesse grandes concentrações de capitalistas ricos houvesse concentrações correspondentemente grandes de pobreza. No entanto, os fatos concretos apontam na direção oposta.

O segundo aspecto que deve ser esclarecido é a desigualdade. Sowell aponta que as diferenças entre os seres humanos normalmente decorrem de fatores mais complexos do que a mera discriminação arbitrária. Os anticapitalistas partem da premissa de que, em situações livres de exploração e de discriminação, o desempenho de todos os indivíduos, grupos e nações seria similar. Segundo Sowell, não seria, pois, mesmo em condições ideais, a curva de distribuição do sucesso sempre será como sempre foi ao longo da história do mundo: bastante assimétrica, independentemente das qualidades reais dos indivíduos em situação de competição. Essa variabilidade tem relação com a natureza humana, na qual cada sujeito, obviamente, é portador de características únicas e individuais.

Sodré (2023) também traz contribuição importante para essa discussão: (...) já no primeiro ano da República, proibiu-se a entrada de asiáticos e africanos em território brasileiro. Por mais que se pretenda estabelecer relações de causa e efeito entre capitalismo e racismo em busca de metaexplicações, torna-se difícil conceber o trânsito imediato ou relevante entre uma atitude discriminatória, apreensível no interior da historicidade político-social, e o advento do capital industrial. Outro exemplo: como conciliar teoricamente o projeto igualitário de Cuba com a política de afastamento sistemático de negros (hoje admitida até mesmo por dirigentes cubanos) das posições de poder? (p.64)

Na mesma esteira que Sodré (2023), a feminista negra brasileira Lélia Gonzales, ao ser perguntada sobre a esquerda brasileira, respondeu o seguinte:

> Bom, eu gostaria de colocar aqui que eu pertenço ao Movimento Negro Unificado, que estamos aí numa batalha violenta no sentido de conquistar um espaço para o negro na realidade brasileira, e o que eu tenho percebido é uma tentativa por parte das esquerdas em geral de reduzir a questão do negro a uma questão meramente econômico-social. Na medida em que liquida o problema de classe, na medida em que entramos numa sociedade socialista, o problema da discriminação está resolvido. A meu ver esse problema é muito mais antigo que o próprio sistema capitalista, e está de tal modo entranhado na cuca das pessoas que não é a mudança de um sistema para o outro que vai determinar o desaparecimento da discriminação racial. (...) As correntes

progressistas, elas minimizam da forma mais incrível as nossas reivindicações.[8]

Nós concordamos com Lélia Gonzalez. E o motivo é simples: não há sistema econômico sem racismo, que aparece no cenário social como uma infestação em diferentes economias e culturas. Há muito o que se fazer para combater o racismo em nosso sistema e em nossa cultura.

A FALHA TÉCNICA DA TEORIA DO RACISMO ESTRUTURAL

Como dissemos anteriormente, estudamos o livro esperando encontrar uma teoria de racismo estrutural. Mas encontramos uma petição de princípio.[9] A teoria do racismo estrutural possui um caráter mais retórico do que científico. Uma teoria social precisa oferecer algum grau de compreensão que justificaria ou explicaria os casos de racismo. Isso só poderia acontecer com a clareza do que o autor está chamando de estrutura. A existência de casos de discriminação racial não pode

---

8 In Pereira e Hollanda, 1980, p. 204-05, *apud* Flavia Rios, 2014, p. 176.

9 "A expressão latina *petitio principii* ('petição de princípio') indica uma falácia informal que consiste em afirmar uma tese, que se pretende demonstrar verdadeira na conclusão do argumento, já partindo do princípio de que essa mesma conclusão é verdadeira e empregando essa pressuposição em uma das premissas." *Wikipédia.*

explicar ou justificar os casos de discriminação racial. Consegue perceber a circularidade desse raciocínio?

A sociedade está sendo julgada por sustentar uma estrutura fundamentalmente racista. No mínimo é necessário identificar quais são os ideais – e não somente as práticas – que condicionam a tal estrutura (da qual o autor abriu mão de nos dizer o que é).

Ao deixar de definir o conceito e de apontar onde está a estrutura do racismo estrutural, Silvio Almeida falha na missão de inovação metodológica ao debater racismo no Brasil. Não só isso: o autor difunde culturalmente em nossa sociedade uma ideia frágil sobre um tema sério e a fantasia com trajes de intelectualidade.

Você, leitor, pode achar que pensamos desta forma por sermos conservadoras. Seria um erro! Há críticos progressistas da teoria do racismo estrutural. Destacamos a crítica produzida por Jessé Souza, professor de Teoria Sociológica da Universidade Federal do ABC, apresentada em seu livro *Como o Racismo Criou o Brasil* (2021). Nele, há um capítulo intitulado "Afinal, onde está a estrutura do 'racismo estrutural'?".

Na qualidade de postulantes à função de intelectuais públicas, ficamos satisfeitas – e aliviadas – em encontrar concordância nos pensamentos de um intelectual tão bem consolidado no meio acadêmico como o professor Jessé. Assim como nós, Souza aponta que a teoria do racismo estrutural apresentada por Silvio Almeida é uma petição de princípio:

O problema é que nem nessa passagem nem nas outras partes do livro, em que fala dos efeitos políticos ou históricos do "racismo estrutural", o autor vai além da mera declaração de princípios, ou seja, da defesa da compreensão "estrutural" do racismo (...). A circularidade do argumento é, portanto, completa. Afirma-se a necessidade da compreensão "estrutural" do racismo em todas as esferas sociais e quando, finalmente, chegamos à análise prometida em cada esfera, o que temos é, de novo e mais uma vez, a mera reafirmação da necessidade de uma análise estrutural do racismo.

Ao lado do conceito de lugar de fala – que Souza classificou como oportunismo político – e razão negra – conceito apresentado pelo filósofo camaronês Achille Mbembe –, o autor afirma que o conceito "racismo estrutural" apresenta "(...) circularidade de argumentos e a prisão retórica da simples metáfora (...)".

Após ler e estudar os livros dos professores Silvio Almeida e Jessé Souza, ratificamos a impressão que tínhamos: o adjetivo "estrutural" é comumente aplicado por indivíduos que, por motivos diversos, não se debruçaram nos estudos de determinados assuntos, mas desejam fazer parecer que os compreendem. Diz Souza:

> Encontramos aqui a velha estratégia: quando não sabemos muito sobre algum assunto, mas

queremos passar aos outros a impressão de que sabemos muito, basta usar o adjetivo "estrutural".

AS IDEIAS TÊM CONSEQUÊNCIAS

Que ideias possuem consequências não é novidade para ninguém. A teoria do racismo estrutural não passa ilesa a essa premissa. Um dos primeiros efeitos colaterais da teoria proposta por Almeida (2021) é o fenômeno que chamamos de *efeito cortina de fumaça*. O adjetivo "estrutural" nos transmite o entendimento de que há um conjunto de instituições que são as verdadeiras responsáveis pelo racismo, o que tira a responsabilidade do âmbito individual. Ou seja, isenta a individualidade da responsabilidade quando um indivíduo comete um ato racista.

Em 4 de fevereiro de 2021,[10] o jornal *Folha de S.Paulo* entrevistou Samuel Vida, professor de Direito da Universidade Federal da Bahia. Segundo o professor:

> (...) no Brasil, entrou na moda uma apropriação que esvazia o sentido da expressão e passa a sugerir que há um racismo que é originado de estruturas indeterminadas. É como se houvesse uma condicionalidade invisível, imperceptível

---

10 "Racismo estrutural virou álibi para justificar práticas individuais e institucionais, diz professor". *Folha de S.Paulo*: https://www1.folha.uol.com.br/poder/2021/02/racismo-estrutural-virou-alibi-para-justificar-praticas-individuais-e-institucionais-diz-professor.shtml.

diante da qual nós não teríamos como diagnosticar adequadamente e atacar no sentido de erradicar o que produz o racismo. Então a expressão racismo estrutural tem virado nos últimos anos um álibi para justificar tanto práticas individuais quanto práticas institucionais.

Para Samuel Vida, no mesmo artigo, o termo acaba também esvaziando o debate público:

> (...) ao mesmo tempo, apresenta-se sempre como sendo uma espécie de fatalidade. Então as pessoas alegam "olha, isso é resultado do racismo estrutural", ponto. E não se discute, não se apresenta a lista dos responsáveis por isso.

Um bom exemplo do *efeito cortina de fumaça* é o caso que envolveu a cantora pop Luísa Sonza. Em 2018, em Fernando de Noronha, durante um evento do qual a artista participava, Sonza ordenou que uma mulher negra, Isabel Macedo de Jesus, pegasse um copo de água para servi-la, além de ter dado um tapa no braço dela. De acordo com informações do boletim de ocorrência divulgado pelo portal de notícias *EPOP*:[11]

---

11 "Entenda todos os detalhes sobre o processo de danos morais movido contra Luísa Sonza". *EPOP*: https://siteepop.com.br/detalhes-processo-danos-morais-luisa-sonza/.

> Isabel, que se considera negra, no momento ficou paralisada, sem reação, considera que foi alvo de discriminação por conta de seu tom de pele. Luísa ficou parada olhando para ela, Isabel. Luísa perguntou: "Você não trabalha aqui?". Isabel questionou: "O que te faz pensar que trabalho aqui?". Luísa respondeu que "não é isso que ela estava pensando".

Isabel Macedo de Jesus, que é advogada e não estava trabalhando no evento, processou a cantora Luísa Sonza, pedindo indenização por danos morais. Embora tenha ocorrido em 2018, o caso veio à tona no final de 2022. Com o caso se tornando público, Luísa Sonza resolveu se posicionar e, em suas redes sociais oficiais, lançou o seguinte texto de retratação:[12]

> Acerca dos fatos narrados no processo, que ocorreram no dia 02/09/2018, no Restaurante da Pousada Zé Maria, eu reconheço que a maneira com que me dirigi à Sra. Isabel traduziu um ato de reprodução do racismo estrutural, o que de maneira nenhuma foi a minha intenção. Nesse contexto, venho a público pedir desculpas, não somente à senhora Isabel, mas a todos aqueles que já experimentaram as consequências do

---

12 "Luísa Sonza pede desculpa e diz que reproduziu racismo estrutural: 'de maneira nenhuma foi a minha intenção'". *Notícia Preta*: https://noticiapreta.com.br/luisa-sonza-pede-desculpa-e-diz-que-reproduziu-racismo-estrutural/.

racismo estrutural. Venho também registrar que, na publicação do dia 07/09/2020, não quis me referir à Sra. Isabel como mentirosa, como também a minha assessoria não teve tal intenção na publicação do dia 18/09/2020. As referidas publicações foram em defesa às informações que eram divulgadas pela mídia de forma distorcida dos fatos narrados no processo. Para que não haja qualquer dúvida, pontuo que as publicações não se referiam à pessoa da Sra. Isabel, que em nenhum momento quis notoriedade. Ainda, considerando que o racismo estrutural impacta o psicológico de um indivíduo, entendo como importante esse passo para que haja a conscientização e reflexão não só minha, como da sociedade. Por fim, ratificando o que foi exposto acima, reitero meu pedido de desculpas à Sra. Isabel.

Nas primeiras linhas de sua retratação, Luísa Sonza atribui a responsabilidade do ocorrido ao "racismo estrutural" e reitera a terceirização de responsabilidade ao dizer: *"o que de maneira nenhuma foi minha intenção"*.

Podemos fornecer outro exemplo, muito mais trágico. Em 19 de novembro de 2020, João Alberto Freitas, um homem negro de quarenta anos de idade que trabalhava como prestador de serviços, foi espancado e assassinado por asfixia por seguranças da rede de supermercados Carrefour, na cidade de Porto Alegre, Rio Grande do Sul. O caso evocou inúmeras manifestações pelo Brasil. Em resposta à sociedade civil, os executivos do Carrefour admitiram que o ocorrido era mais um fruto do racismo estrutural.[13]

A delegada responsável pelo inquérito, Roberta Bertoldo, afirmou o seguinte ao portal *G1*:[14] "O racismo estrutural, que são aquelas concepções arraigadas na sociedade, foi, sim, fundamentais no determinar da conduta dessas pessoas [os seguranças] naquele caso."

Sobre o caso, em seu artigo, Samuel Vida aponta o seguinte:

> O próprio episódio do assassinato do João Alberto evocou manifestações. Em certo momento um dos executivos da empresa chegou a falar inclusive que eles admitiam que o que ocorrera fora resultado do racismo estrutural. E quem é esse sujeito que movimenta o racismo estrutural? Nós temos uma empresa que contrata a segurança, que prepara, que define critérios

---

13 "Racismo estrutural virou álibi para justificar práticas individuais e institucionais, diz professor". *Folha de S.Paulo*: https://www1.folha.uol.com.br/poder/2021/02/racismo-estrutural-virou-alibi-para-justificar-praticas-individuais-e-institucionais-diz-professor.shtml.

14 "Caso João Alberto: réus por assassinato de homem negro no Carrefour de Porto Alegre vão a júri". *G1*: https://g1.globo.com/rs/rio-grande-do-sul/noticia/2022/11/17/caso-joao-alberto-juri-reus-assassinato-homem-negro-carrefour-porto-alegre.ghtml.

para exercer o controle no interior de suas instituições. Você apaga tudo isso e remete para um sujeito indeterminado, invisível.

Tendo como base as notas de retratação lançadas pela cantora e pelos executivos do Carrefour, vemos que o discurso de que "o racismo é estrutural" coloca o negro sempre em uma condição subalterna, ao passo que o branco sempre está em posição de privilégio em relação ao negro – Luísa Sonza se isenta da culpa do ato que ela individualmente praticou, assim como os acusados pelo assassinato de João Alberto. Considerando os dois casos apresentados, subscrevemos o questionamento do professor Samuel Vida: quem é o sujeito que movimenta a estrutura do racismo estrutural?

Uma outra consequência da difusão do termo "racismo estrutural" na sociedade é a limitação de explicar as conjunturas do indivíduo negro apenas por meio de sua negritude. O racismo que vemos na sociedade contemporânea brasileira tem como uma das forças motrizes a cultura de subalternação do sujeito negro, o que, por sua vez, tem raízes na eugenia social instaurada pós-golpe republicano.

Uma das características desse racismo é "aprisionar" o sujeito negro em sua própria negritude atribuindo a ela aspectos pejorativos e de inferiorização. O que alicerça tal lógica racista é o conceito de que o negro, acompanhado de toda sorte de circunstâncias sociais, é explicado única e exclusivamente por sua negritude. É a desumanização do indivíduo negro.

Ao tratar todo e qualquer problema da população negra pela tese de racismo estrutural, o fenômeno se repete e, mais uma vez, a complexidade humana do sujeito negro é ignorada.

LUGAR DE FALA OU TERRENO DE SCHRÖDINGER?

Se não nos trai a memória, o termo "lugar de fala" entrou no debate público brasileiro em 2017. Pelo menos, a primeira edição do livro *O que É Lugar de Fala?*, da professora Djamila Ribeiro, foi publicada naquele ano. (Este livro posteriormente (2019) foi editado com o título *Lugar de Fala*, que passaremos a usar doravante por mera conveniência.)

Para surpresa de muitos, o livro não apresenta uma definição do que é o tal lugar de fala; para um termo reivindicar o patamar de conceito é necessário construção e definição, com o acompanhamento de fundamentação teórica. É assim que a produção acadêmica ocorre. Ou seja, é necessário provar o que você está falando. Em Deus nós acreditamos; todos os outros precisam trazer provas.

Ao pesquisar na internet pelo termo em língua inglesa – utilizando as variações *"speak's place"*, *"place of speak"*, *"speech's place"*, *"place of speech"* –, não foi possível encontrar coisa alguma. Para quem está fora do meio acadêmico, pode parecer preciosismo de nossa parte, mas nós garantimos que não é. Todo conceito difundido no meio acadêmico possui tradução, pelo menos para a língua inglesa. A comunidade acadêmica é global: os pesquisadores precisam apresentar seus achados para seus pares; os achados, por sua vez, são validados pela comunidade. Se lugar de fala fosse um conceito verdadeiramente acadêmico, nós encontraríamos alguma tradução na língua inglesa ou na língua espanhola. Então, se o conceito não tem tradução e não é reivindicado pela autora como sua criação, não pode ser acadêmico.

Bruna Frascolla, doutora em Filosofia e colunista do jornal *Gazeta do Povo*, em sua crítica ao livro de Djamila Ribeiro, reforça nosso argumento: "Acadêmico, o termo não é. Ao menos não fora do Brasil. (Não que ser acadêmico seja lá grande coisa. Afinal, como provou Sokal, a academia é cheia de embusteiros.)"[1]

Para desenvolver o livro, Ribeiro recorreu a autoras de diversas áreas do conhecimento para construir sua fundamentação teórica: da área de comunicação, resgata o conceito de lugares de fala de Márcia Amaral; da área de psicanálise, resgata obras de Michel Foucault, Linda Alcoff e Gayatri Spivak; do feminismo negro, resgata as obras de Lélia Gonzalez, Grada Kilomba e Patrícia Hill Collins.

---

1 "'Lugar de fala': a invenção acadêmica de uma militante brasileira". *Gazeta do Povo*: https://www.gazetadopovo.com.br/ideias/lugar-de-fala-a-inven cao-academica-de-uma-militante-brasileira/.

Dos autores utilizados como referências diretas à ideia de lugar de fala, podemos apontar o trabalho de Márcia Amaral, intitulado "Lugares de fala: um conceito para abordar o segmento popular da grande imprensa" (2005).[2] Amaral é professora do curso de Comunicação Social da Universidade Federal de Santa Maria e doutora pelo Programa de Pós-Graduação em Ciências da Comunicação e Informação da Universidade Federal do Rio Grande do Sul. O referido texto é produto da tese de doutorado em Comunicação de Márcia Amaral. Nele, ela anuncia seus objetivos:

> O conceito de *Lugares de Fala* foi construído na tese de doutorado *Lugares de Fala* do leitor no Diário Gaúcho para analisar um jornal popular da grande imprensa cujas estratégias de popularização não se reduzem ao sensacionalismo. A intenção desse artigo é descolar esse conceito de um objeto empírico determinado e transformá-lo em uma categoria de análise mais ampla.

Diferentemente do livro de Djamila Ribeiro, o artigo de Amaral apresenta uma definição conceitual de lugar de fala e a qual contexto se refere: imprensa popular do Rio Grande do Sul e as "estratégias de popularização não se reduzem ao sensacionalismo".

---

2 "Lugares de fala: um conceito para abordar o segmento popular da grande imprensa". *Contracampo*: https://periodicos.uff.br/contracampo/article/view/17388.

Outro texto que podemos apontar com relação direta à ideia de lugar de fala é intitulado "Notas estratégicas quanto aos usos políticos do conceito de lugar de fala" (2017), de autoria de Jota Mombaça, um blogueiro que se descreve como:

> Jota Mombaça (1991) é uma bicha não binária, nascida e criada no Nordeste do Brasil, que escreve, performa e faz estudos acadêmicos em torno das relações entre monstruosidade e humanidade, estudos kuir, giros descoloniais, interseccionalidade política, justiça anticolonial, redistribuição da violência, ficção visionária e tensões entre ética, estética, arte e política nas produções de conhecimentos do sul-do-sul globalizado.[3]

Nós não sabemos as credenciais acadêmicas de Mombaça. Também não desejamos questionar sua autoridade para elaborar teorias e conceitos. Sabemos, apenas, que ele também produziu um texto intitulado "Pode um cu mestiço falar?"[4] para o *Medium*.

Mas vejamos o que Mombaça escreveu em seu texto sobre lugar de fala:

---

3 "Notas estratégicas quanto aos usos políticos do conceito de lugar de fala". *BUALA*: https://goo.gl/DpQxZx

4 Bruna Frascolla, doutora em Filosofia e colunista do jornal *Gazeta do Povo*, nos informou a respeito da produção de Mombaça em sua crítica ao livro *Lugar de Fala*: https://www.gazetadopovo.com.br/ideias/lugar-de-fala-a--invencao-academica-de-uma-militante-brasileira/.

Se o conceito de lugar de fala se converte numa ferramenta de interrupção de vozes hegemônicas é porque ele está sendo operado em favor da possibilidade de emergências de vozes historicamente interrompidas. Assim, quando os ativismos do lugar de fala desautorizam, eles estão, em última instância, desautorizando a matriz de autoridade que construiu o mundo como evento epistemicida; e estão também desautorizando a ficção segundo a qual partimos todas de uma posição comum de acesso à fala e à escuta.

A ideia de Mombaça exibida no trecho acima parece antagônica à ideia que Ribeiro apresentou em seu livro: "Outra crítica, no nosso entendimento equivocada, que comumente ouvimos é de que o conceito de lugar de fala visa restringir a troca de ideias, encerrar uma discussão, impor uma visão".

Enquanto Mombaça justifica a interrupção de vozes consideradas hegemônicas, Ribeiro aponta que o conceito de lugar de fala não promove a obstrução do debate. Mas aqui há uma "pegadinha": embora o debate, segundo ambos os autores, aconteça de forma fluida e liberal, há interrupção das "vozes de autoridade" que silenciam as "vozes dos oprimidos". Veja o que diz Djamila Ribeiro:

A interrupção no regime de autoridade que as múltiplas vozes tentam promover faz com que essas vozes sejam combatidas de modo a manter esse regime. (...) O fundamental é que indivíduos pertencentes ao grupo social privilegiado em termos de *locus* social consigam enxergar as hierarquias produzidas a partir desse lugar e como esse lugar impacta diretamente na constituição dos lugares de grupos subalternizados.

Entenderam? À luz do conceito de lugar de fala, talvez você possa falar, mas precisa refletir sobre sua posição na hierarquia social.

Mas vamos continuar!

Como citado anteriormente, a autora não apresentou na obra nenhuma definição do tipo "lugar de fala é...". Na verdade, ela fez uma boa defesa da importância do lugar de fala (porém, sem defini-lo) e uma igualmente boa apresentação de como utilizá-lo (mesmo sem apresentar o que é).

Contudo, nós podemos te explicar como o lugar de fala funciona. É mais ou menos assim: se você não for homem, branco, hétero e cis, pode reivindicar um lugar de fala, que é determinado segundo as dimensões raça, gênero e sexualidade.

Só que tem um problema: as dimensões raça, gênero e sexualidade não são aplicadas objetivamente para definição do lugar de fala. É necessário, além de apresentar as dimensões acima, possuir o que se chama de *"consciência discursiva"*. Ou seja, não é qualquer mulher que pode falar sobre mulher. Ou qualquer negro que pode falar sobre negro. **Quem avalia a sua posse de**

lugar de fala é a opinião pública, que é administrada pelo alto clero do identitarismo nacional. Uma vez reunidas as dimensões e a consciência discursiva, você está autorizado a manifestar publicamente o que quiser.

As autoras que assinam este livro são duas mulheres negras. Você, leitor, deve imaginar que nós temos lugar de fala garantido. Mas nós não temos. Quer dizer, temos algumas vezes. Outras vezes, não. Depende do que falamos, mas também depende de quem nos escuta.

Você já ouviu falar do gato de Schrödinger?

Trata-se de uma experiência mental, frequentemente descrita como um paradoxo, desenvolvida pelo físico austríaco Erwin Schrödinger, em 1935, na qual um gato está preso dentro de uma caixa com um frasco contendo um gás que é venenoso para ele. A mecânica quântica considera que **o gato pode estar ou vivo ou morto ou os dois estados ao mesmo tempo.**[5] E é exatamente assim que nos sentimos em relação ao lugar de fala.

Por isso, *gostamos de chamar nosso lugar de fala de "terreno de Schrödinger": nós o temos, não o temos ou os dois.* Algumas figuras públicas também estão na mesma situação, como a falecida jornalista Glória Maria, Sérgio Camargo e Fernando Holiday.

---

5 "Gato de Schrödinger". *Wikipédia*: https://pt.wikipedia.org/wiki/Gato_de_Schrödinger.

A questão toda é que o fato de sermos mulheres e negras não nos concede posse definitiva de um lugar de fala; então, nós o definimos como terreno de Schrödinger.

Por essa você não esperava, não é mesmo?

Você, leitor, pode achar que estamos dizendo isso porque temos alinhamento político ao conservadorismo. Mas – acredite se quiser! – há progressistas renomados que concordam com nossas críticas ao conceito de lugar de fala. Um deles é Jessé Souza, importante pesquisador e professor da Universidade Federal do ABC, que mostra em seu livro *Como o Racismo Criou o Brasil* "(...) quão problemática é a pretensão de um 'lugar de fala', que se pretende 'autorizado' a falar por uma coletividade que foi convenientemente reduzida ao silêncio. Por trás dessa ambição, que parece respeitável, se esconde um projeto de poder (...)".

Para Souza, o livro *Lugar de Fala* peca em deixar de observar as classes sociais e as socializações primárias e destacar, apenas, as "identidades culturais grupais" – mulheres, homens, negros, brancos etc. Com a ocultação da questão das classes sociais, a desigualdade passa a ser percebida como a ocupação de distintos lugares de fala, visto que:

> (...) os brancos e os homens são universais e possuem um lugar de fala respeitado e tido como única visão possível. As mulheres e os negros são condenados a ter um lugar de fala

subordinado e, portanto, a expressão de sua experiência social silenciada.

Na perspectiva de Souza (2021), diante do cenário apontado acima, Ribeiro (2017) encaminha a seguinte solução:

> (...) dotar também as mulheres e os negros de um lugar de fala próprio. Basta que os grupos culturalmente oprimidos tenham direito à fala e possam expressar sua particularidade para termos um mundo justo. Assim, o mundo, que já era um lugar meritocrático e justo no restante das coisas, pode ser perfeito e justo por completo. Deixar de fora a dimensão que produz as desigualdades reais desde o berço não ajuda a tornar o discurso da autora mais coerente (...)

Contudo, Djamila Ribeiro percebe que nem todas as mulheres e nem todos os negros – que para ela foram relegados ao silêncio – pensam do mesmo modo; há, entre esses dois grupos, indivíduos que não se reconhecem como vítimas de qualquer opressão. Segundo a autora, "(...) o fato de uma pessoa ser negra não significa que ela saberá refletir crítica e filosoficamente sobre as consequências do racismo. Inclusive, ela até poderá dizer que nunca sentiu racismo, que sua vivência não comporta ou que ela nunca passou por isso".

De todo modo, a autora não identifica tal situação como impeditivo para existência do lugar de fala, e reitera que a história dos negros deve ser contada por nós, negros: "O lugar social não determina uma consciência discursiva sobre esse lugar. Porém, o lugar que ocupamos socialmente nos faz ter experiências distintas e outras perspectivas (...)".

Para a autora, contudo, parece não ser ilógico admitir que existem negros sem consciência de seu espaço social e, ao mesmo tempo, afirmar que cada lugar social determina um lugar de fala. Só que ela aponta uma "solução" para os discursos dos negros sem "consciência discursiva": "Obviamente que esses indivíduos reacionários pertencentes a grupos oprimidos estão legitimando opressões ao proferirem certos discursos. Seria, então, necessário o combate a esses discursos, sem sombra de dúvida (...)".

É justamente nessa argumentação que está o grande *não dito* no discurso da autora de *Lugar de Fala*, como nos explica Jessé Souza:

> Ora, se os indivíduos negros podem não conhecer nada acerca de seu próprio espaço social, mas as narrativas verdadeiras devem ser contadas a partir de quem ocupe esse espaço, a única resposta possível é que o intelectual negro, certamente a própria Djamila, é na verdade a única instância autorizada a realizar esse discurso. Sem isso a narrativa de Djamila não faria qualquer sentido.

É possível apontar, portanto, que o lugar de fala não tem o objetivo de representar o sofrimento individual ou a experiência particular de indivíduos, "(...)mas sim uma espécie de experiência grupal, supostamente legitimada pela mesma posição subalterna ocupada na hierarquia das falas autorizadas", afirma Souza.

Além disso, de acordo com Jessé Souza, Djamila Ribeiro, ao estabelecer que o intelectual pode falar em nome dos indivíduos isolados por participarem do mesmo *locus* social, "(...) está se alinhando a uma tradição muito complicada e autoritária da teoria e da prática política".

Ao ler o livro *Lugar de Fala*, qualquer leitor atento fica perplexo com a engenhosa estratégia elaborada pela autora para justificar a autoridade autoconcedida de falar sobre a experiência alheia. Sobre isso, o professor Jessé Souza é assertivo:

> (...) o que o livro quer mesmo provar é que a própria Djamila – sendo, ao mesmo tempo, mulher e negra e, segundo ela, ocupando o degrau mais baixo e vulnerável da sociedade por conta disso – seria, portanto, a representante geral do *locus* social do oprimido, somando à vulnerabilidade da mulher a vulnerabilidade do negro.

O conceito "lugar de fala" contribui para instaurar uma tradição bastante autoritária da ciência política, pois, de maneira engenhosa, esforça-se para estabelecer quem pode ou não falar e, ainda, quem pode falar em nome de quem. Souza nos diz:

> A autora parece não ter consciência de que essa é uma questão fundamental da teoria social e política há séculos. Quem, afinal, está autorizado a falar pelos outros? Se ela nos faz entender que (...) é possível para o intelectual falar por eles, já que participam do mesmo *locus* social, ela está se alinhando a uma tradição muito complicada e autoritária da teoria e da prática política.

Bruna Frascolla,[6] em seu texto para a *Gazeta do Povo*, sumariza o autoritarismo existente na ideia de lugar de fala e evidencia a perspectiva elitista do conceito:

> Para o senso comum, quem fala? Quem não é mudo. Aqui, porém, falar implica se meter com historiografia, coisa que muito pouca gente de cordas vocais saudáveis faz. "Falar", em djamilês, significa exercer atividades acadêmicas ou afins. Só tem existência digna quem exerce esse

---

6 "'Lugar de fala': a invenção acadêmica de uma militante brasileira". *Gazeta do Povo*: https://www.gazetadopovo.com.br/ideias/lugar-de-fala-a-invencao-academica-de-uma-militante-brasileira/.

tipo de atividade. Isso nem tem a ver com classe social, pois o dono de uma cadeia de supermercados não tem "fala" nem "existência digna" se está apenas preocupado em aumentar os lucros. O coelho que se esconde no fundo da cartola tem nome: bacharelismo. Em países de tradição capitalista, a panaceia identitária se chama "paridade de gênero" (pretende colocar mulheres em 50% dos cargos de chefia) e é seguida pela "diversidade" (que consiste em colocar minorias étnicas e LGBT nos quadros). O Brasil não tem essa tradição. Entre nós, o status reside no anel de doutor, no emprego público, no gênio literário, na condição de bem nascido, na de brilhante político. O lugar de fala é o meio de obter tudo isso, na marra e no grito.

Para Ribeiro, uma mulher negra que mora na favela da Rocinha e é babá compartilha a mesma experiência social que uma mulher negra de classe média e é professora universitária. Sobre isso, Souza aponta o seguinte:

As mulheres negras que estudamos na "ralé brasileira", muitas das quais não sabiam ler e eram sistematicamente oprimidas pelos valores que as classes dominantes haviam construído para dominá-las, não me parecem ter nada em comum com Djamila, a não ser a cor da pele e o gênero. Mesmo as mulheres brancas e pobres da favela, onde evidentemente são minoria, não me parecem também ter qualquer semelhança com o mundo social de intelectuais negras de classe média (...).

Qualquer leitor atento fica perplexo com o entendimento de que mulheres negras de classes sociais distintas compartilham o mesmo *lócus* social, pois ignora uma variável clássica da Sociologia: classe social. Souza nos explica a visão de Ribeiro:

> (...) como as classes e suas socializações primárias se tornam invisíveis, então o mundo social passa a ser dividido em grupos sociais cujas diferenças se devem a supostas "identidades culturais grupais" – mulheres, homens, negros, brancos etc. É como se a sociedade fosse um amontoado de indivíduos, todos com a mesma capacidade, a mesma família, a mesma educação, as mesmas chances, apenas com gênero e raça diferentes.

Para Souza, a ideia de que um intelectual é capaz de representar todos os indivíduos de um grupo social é ingênua e cruel, pois conduz ao efeito exatamente oposto ao de sua intenção: condena a maioria ao silenciamento e concede visibilidade ao 1% dos negros e mulheres mais talentosos e hábeis no debate público.

Querido leitor, em suma, para nós, o lugar de fala é, na verdade, um grande trunfo para ativistas falarem o que julgam pertinente. Contudo, o termo pode ser bastante nocivo, pois cria obstáculos para uma produção fluida do conhecimento ao silenciar vozes divergentes. Por conseguinte, não promove avanços reais à pauta antirracista.

APROPRIAÇÃO CULTURAL: CULTURA TEM DONO?

Em 2009, a famosa marca de moda Arezzo protagonizou um episódio curioso:[1] ao colocar em sua campanha de alto verão as atrizes brancas Cláudia Raia, Mariana Ximenes e Patrícia Pillar usando acessórios (turbante e colares) associados à "cultura negra", a marca foi acusada de *apropriação cultural*.

A acusação foi pautada no argumento de que a marca não havia contratado modelos negros para o ensaio e que os objetos utilizados tinham uma simbologia que havia sido desrespeitada pela empresa.

Em 2017, a estudante Thauane Cordeiro[2] relatou, em seu perfil no Facebook, que estava na estação de

---

1 "Apropriação cultural inflama o debate da questão racial na moda". *Metrópoles*: https://www.metropoles.com/vida-e-estilo/comportamento/apro priacao-cultural-inflama-o-debate-da-questao-racial-na-moda/.

2 "Criticada por apropriação cultural ao usar turbante, jovem com câncer rebate: 'Uso o que quero'". *Extra*: https://extra.globo.com/noticias/viral/criticada-por-apropriacao-cultural-ao-usar-turbante-jovem-com-cancer -rebate-uso-que-quero-20912104.html.

metrô quando foi interpelada por uma mulher que a criticou por estar usando um turbante. Thauane informou que a mulher a acusou de cometer apropriação cultural. Thauane era uma mulher branca em tratamento contra um câncer. O acessório na cabeça a ajudava a se sentir mais bonita durante a fase difícil de tratamento de sua doença.

Em 2020, Evandro Pereira[3] desfilou em um bloco de carnaval na cidade de São Paulo com um cocar indígena presenteado por uma liderança pataxó. No mesmo bloco estava a estudante indígena Yamani Pataxó, que foi às lágrimas ao ver um homem branco usando o cocar de seu povo. Ela disse: "Quando vi o cocar do meu povo sendo usado de forma irresponsável na folia, senti agulhadas no meu espírito. Me deu tontura, minha perna ficou mais fraca".

Por sua vez, Evandro acreditava estar homenageando o povo indígena ao utilizar o cocar. Ele disse: "Estou honrando a etnia e honrando quem fez o cocar. Ganhei há oito anos e saio com ele em todos os carnavais". Após conversar com membros do bloco, Evandro decidiu tirar o cocar e concluir o desfile com um chapéu prateado.

Certamente, o leitor já ouviu o termo "apropriação cultural" em redes sociais, programas matinais de TV

---

3 "Índia chora no Baixo Augusta: 'Aquele homem está com o cocar do meu povo'". *CarnaUOL*: https://www.uol.com.br/carnaval/2020/noticias/redacao/2020/02/20/india-chora-no-baixo-augusta-aquele-homem-esta-com-o-cocar-do-meu-povo.htm.

ou em debates acadêmicos. O termo é responsável por instaurar uma onda de cancelamentos,[4] especialmente em épocas carnavalescas, como foi possível observar nos exemplos citados anteriormente.

Contudo, poucos esclarecem o que estão chamando de *apropriação cultural*. Também é possível observar que poucos discorrem a respeito de qual conceito de cultura é utilizado pelos progressistas e como, para eles, tal conceito culmina no termo "apropriação cultural".

De acordo com o pesquisador Rodney William, autor do livro *Apropriação Cultural* (2020) – que também faz parte da Coleção *Feminismos Plurais*, coordenada por Djamila Ribeiro –, cultura é:

> (...) um conjunto de características humanas que não são inatas e abarcam muito mais do que aspectos visíveis, concretos. O jeito de andar, falar e pensar; de se vestir, se portar e sentir; a fé, a visão de mundo, as relações; as criações, as instituições e os valores de um grupo; a arte e o saber. Em síntese, cultura pode ser compreendida sob vários ângulos: ideias, crenças, valores, normas, atitudes, padrões, abstrações, instituições, técnicas etc. Tudo isso, inserido na cultura de um povo, possui significados e história.

---

4 A revista *Cult* nº 258 dedicou seu editorial à cultura do cancelamento. Na "Apresentação", Jerônimo Teixeira afirma que "(...) o cancelamento é uma arma exclusiva da esquerda – em particular, da esquerda identitária". Ou seja, a cultura do cancelamento é propriedade intelectual da esquerda.

Contudo, o que não é considerado por William – e pelos defensores da ideia de *apropriação cultural* – é que há hierarquias culturais; não da forma como a antropologia evolucionista apontava, atribuindo o desenvolvimento de suas respectivas sociedades às características étnicas dos sujeitos. A hierarquia se dá como um conjunto cultural compartilhado por todos. Por exemplo: culturas que praticavam o infanticídio ou o canibalismo, obviamente, não estão no mesmo patamar que culturas que defendem a vida desde a concepção. Culturas que exaltam promiscuidades conjugais, imoralidades sociais e todo tipo de relativismo são inferiores por aquilo que defendem, não pela composição racial ou étnica de seu povo.

William reconhece que existe a aculturação na sociedade, e explica: "Aculturação consiste na fusão de duas ou mais culturas diferentes a partir do contato permanente que gera mudanças em seus padrões culturais". Em um país de dimensões continentais como o Brasil, que possui diversidade em sua origem étnico-racial, a aculturação é um processo intenso. Porém, para o autor, "embora [a aculturação] seja uma espécie de troca recíproca, por vezes, um grupo oferece mais do que recebe (...)". Ou seja, na perspectiva do autor, no processo de aculturação há a dominação de um grupo sobre o outro, que seria o fator vital para a determinação da apropriação cultural.

Aglutinando a perspectiva da antropologia interpretativa com as noções de Kabengele Munanga e

Abdias do Nascimento, William passa páginas desenvolvendo o que apropriação cultural NÃO é:

> Em boa parte dos aspectos da aculturação, a dominação está presente, seja pelo componente social, seja pelo componente histórico. Não há apropriação cultural quando um grupo excluído ou marginalizado é forçado a assimilar traços da cultura daqueles que o dominam para sobreviver, como ocorreu durante todo o processo de colonização, em especial na escravidão. Apropriação cultural é exatamente o oposto.

Só bem mais adiante William anuncia a origem do termo, que, segundo ele, foi organizado por Harmut Lutz em 1990. A partir daí, é possível localizar uma definição: "(...) apropriação cultural decorre da exploração de elementos de uma cultura por indivíduos ou grupos que efetivamente não pertencem a essa cultura (...)".

William explora a relação do processo de apropriação cultural com o regime escravocrata:

> Como já demonstrou Abdias do Nascimento, a partir da violência da escravidão, todas as heranças culturais negras foram esvaziadas. O colonizador se apropriou da cultura do escravizado inclusive como uma forma de aniquilá-lo. Portanto, definir apropriação cultural vai muito além de formular uma lista do que pode ou não ser usado.

É inegável que o efeito da escravidão na sociedade brasileira foi perverso e teve impactos em âmbitos sociais e culturais. Contudo, o autor associa dados da realidade com narrativas que fomentam o sentimento de antagonismo racial. Por conta da magnitude territorial e da composição cultural heterogênea – embora a militância negra contemporânea faça parecer a cultura da África como uma só –, há complexidade nos estudos a respeito do continente africano e do período de escravidão.

O primeiro aspecto imprescindível a ser observado é: a escravidão é uma antiga ferramenta utilizada pela humanidade (nós sabemos que é óbvio, mas achamos que precisa ser dito). Além disso, na África, já existia escravidão antes da chegada dos europeus.

O segundo aspecto que deve ser observado é: em termos de cultura, a premissa de dominação utilizada para fundamentar o conceito de "apropriação cultural" ignora que a aculturação é uma via de mão dupla; sendo assim, o "dominador" também absorve a cultura do "dominado".

Após desenvolver um elegante malabarismo teórico, o autor brinda o leitor com o que ele quer, de fato, saber: o que pode ou não pode usar? Aqui vem a resposta:

> Para se ter uma dimensão do que "pode" ou "não pode" é preciso avaliar o lugar social de quem faz uso de algum elemento de outra cultura. A posição que se ocupa, a classe social a

que pertence, o grupo racial ou étnico ao qual se vincula, o grau de influência enquanto pessoa pública, além do contexto, tudo isso pode determinar, e desviar completamente de seus pensamentos originais, os efeitos de suas atitudes. Como já vimos, nem a "melhor das intenções", nem as mais "singelas homenagens" livram alguém do risco de cometer apropriação cultural.

Ou seja, o conceito de apropriação cultural é completamente relativo. Você pode estar "cometendo" apropriação cultural – ou não – a depender de um conjunto de variáveis sociológicas. A apropriação cultural é, sobretudo, circunstancial, pois depende de quem executa a ação e de quem a avalia.

Vamos aqui dar um exemplo do relativismo consequente na aplicação do conceito "apropriação cultural".

No começo deste capítulo, nós contamos que um homem branco utilizou um cocar e o retirou por seu uso ofender uma estudante indígena. Na cidade do Rio de Janeiro, há um bloco carnavalesco chamado Cacique de Ramos. Trata-se de um bloco tradicionalíssimo do subúrbio carioca, que desde 1961 desfila com fantasias que lembram as vestimentas dos povos originários brasileiros e norte-americanos.

Observando a dinâmica de cancelamentos no carnaval, a imprensa procurou a direção do Cacique de Ramos para verificar se haveria mudanças na indumentária de seus componentes. Fábio Martins, o diretor do Cacique de Ramos, afirmou o seguinte:

A questão identitária é importante e respeitamos bastante. Porém, se faz necessário separar o que é ofensa e o que é homenagem. Os fundadores do Cacique de Ramos possuíam nomes com referências indígenas: Aymoré, Ubirajara, Ubirany, entre outros. Se nos carece legitimidade para levantar bandeiras sobre a causa indígena, nos sobra legitimidade para falar sobre carnaval. E por isso afirmamos que no Cacique de Ramos imperam o respeito e valorização da nossa cultura, cujo índio é um dos elementos formadores.[5]

Em sua página em uma rede social, o historiador Luiz Antonio Simas apontou inconsistência na tentativa de cancelar todas as coisas que não se encaixam perfeitamente na narrativa delirante de parte da militância. Simas diz:

A turma que vai "cancelar" o Cacique é aquela que, em 2022, vai tentar reverter voto do povão oferecendo café caseiro com bolo de fubá na praça. Estamos no mesmo barco, remando contra a maré, mas assim fica difícil.[6]

Intacto, o Cacique de Ramos desfilou em 2020, no mesmo ano que Evandro Pereira, o homem branco que

---

5 "O incancelável Cacique de Ramos". *Ultra POP*: https://ultrapop.com.br/categoria/sociedade/page/2/.

6 "O incancelável Cacique de Ramos". *Ultra POP*: https://ultrapop.com.br/categoria/sociedade/page/2/.

retirou o cocar para não ofender uma indígena em São Paulo. O ativismo histérico perdeu naquele carnaval do Rio de Janeiro; a força da tradição venceu.

A verdade é, caro leitor, que é bem mais difícil cancelar um tradicional grupo suburbano do que um homem branco no Baixo Augusta. Vocês conseguem imaginar a quantidade de negros e pobres que a militância cancelaria ao conseguir acusar o Cacique de Ramos de apropriação cultural?

Temos outro exemplo de como a apropriação cultural é relativa. No mesmo bloco em que Evandro Pereira deixou de usar o cocar, a atriz Alessandra Negrini também estava presente. E ela do mesmo modo utilizava indumentária indígena. A fantasia da atriz não foi bem recebida pela militância das redes sociais, mas foi justificada por vários ativistas, inclusive Sônia Guajajara, deputada federal eleita pelo Partido Socialismo e Liberdade (PSOL-SP) e atual Ministra dos Povos Indígenas do Brasil:

> Muita gente usa acessórios indígenas como fantasia. Isso a gente não concorda. Mas quando a pessoa usa de uma forma consciente, como um manifesto para amplificar as vozes indígenas, então tudo bem, é compreensível[7].

---

7 Acesso em 16/04/23: www.f5.folha.uol.com.br/celebridades/carnaval/2020/02/alessandra-negrini-divulga-nota-em-que-e-defendida-por-insti tuicao-indigena.shtml.

Perceberam a diferença? Como Alessandra Negrini é aliada da militância progressista, está autorizada a utilizar a indumentária indígena. Por sua vez, como Evandro não era aliado, não tinha autorização para utilizar o cocar que recebeu de presente de uma liderança indígena.

O que parece, caro leitor, é que apropriação cultural é só mais um instrumento para viabilizar a sanha autoritária tão comum no progressismo, que foi fomentado pela vanguarda da intelectualidade. O termo demarca, mais do que termos os anteriores, como a esquerda se tornou iliberal. Um texto publicado pelo *The Economist*, intitulado "The threat from the illiberal left" [A ameaça da esquerda iliberal],[8] demonstra, com perfeição, como a esquerda corrompe a liberdade:

> O ataque da esquerda é mais difícil de entender, em parte porque na América "liberal" passou a incluir uma esquerda iliberal. Descrevemos esta semana como um novo estilo de política se espalhou recentemente pelos departamentos universitários de elite. À medida que os jovens graduados conseguiam empregos na mídia de luxo e na política, negócios e educação, eles traziam consigo o horror de se sentir "inseguros" e uma agenda obcecada por uma visão estreita de obter justiça para grupos de identidade

---

8 Disponível em: https://www.economist.com/leaders/2021/09/04/the-threat-from-the-illiberal-left.

oprimidos. (...) eles também trouxeram táticas para reforçar a pureza ideológica, não colocando seus inimigos em plataformas e cancelando aliados que transgrediam – com ecos do estado confessional que dominava a Europa antes de o liberalismo clássico se enraizar no final do século XVIII.

Felizmente, "apropriação cultural" parece ser um termo ainda restrito aos círculos ativistas e universitários. Ao ser questionado sobre o cancelamento de pessoas com fantasias de índio no carnaval e o debate sobre apropriação cultural, Bira Presidente, fundador do Cacique de Ramos, afirmou o seguinte ao portal G1:[9] "No subúrbio, ninguém está preocupado com isso".

Nós subscrevemos Bira Presidente; não estamos preocupadas com isso.

Cultura tem origem e não tem dono.

---

9 "'No subúrbio ninguém está preocupado'", diz fundador do Cacique de Ramos sobre 'cancelamento' de fantasias de índio". *G1*: https://g1.globo.com/rj/rio-de-janeiro/carnaval/2020/noticia/2020/02/19/no-suburbio-ninguem-esta-preocupado-diz-fundador-do-cacique-de-ramos-sobre-cancelamento-de-fantasias-de-indio.ghtml.

O MOVIMENTO NEGRO CONTEMPORÂNEO: LINCHAMENTO, SABOTAGEM E RACISMO

> Por que as mulheres negras reservam uma voz específica de fúria e decepção para usarem entre si? Quem é que devemos destruir quando atacamos umas às outras com esse tom de premeditada aniquilação corretiva?[1]

Demarcar a origem do movimento negro é desafiador. Mas será que poderíamos, por exemplo, considerar que as revoltas no Brasil Império e o movimento abolicionista já seriam uma espécie de movimento negro, uma vez que as pautas eram centradas nas opressões sofridas pela população negra?

O que podemos dizer é que, no começo do século XX, a movimentação cultural da população negra nos

---

1 *Irmã Outsider: Ensaios e Conferências*, Audre Lorde, p. 200.

bairros dos Estados Unidos da América e a articulação de negros na Europa foram as primeiras faíscas do movimento da *negritude*.[2]

No Brasil, ao longo da história do movimento negro, percebemos diversas nuances que atualmente não são mencionadas: parte das pessoas as ignora por puro desconhecimento a respeito da história de nosso país; por sua vez, os progressistas convenientemente deixam de apontar as diferentes reivindicações da população negra e acusam importantes figuras negras de terem sido "fascistas" por simples discordância ideológica.

A Frente Negra Brasileira (FNB) é um exemplo de entidade do movimento negro associada à extrema direita por pesquisadores contemporâneos. A FNB – o primeiro partido político formado por negros – foi criada em 16 de setembro de 1931 no centro da cidade de São Paulo. A estimativa do número de associados da FNB varia bastante entre os pesquisadores: de 8 mil a 50 mil pessoas. A entidade dedicava-se ao combate ao racismo e defendia políticas voltadas à melhoria das condições de vida da população negra.

Também oferecia uma série de atividades aos sócios, como bailes, festas, aulas de música, atendimento médico e palestras sobre questões raciais e a situação

---

2 Tendo nomes como Aimé Cesairé, Léopold Sédar Senghor e Léon-Gontran Damas, o movimento da negritude é um importante marcador para pensar o negro em diáspora (o negro fora do continente africano).

política. A entidade foi inicialmente rechaçada pela sociedade, que não compreendia seus objetivos e se assustou com toda a mobilização. Com a conquista de espaços, a FNB passou a ser respeitada.

No campo político-ideológico, é possível perceber a entidade mais alinhada ao tradicionalismo. A entidade desenvolveu e divulgou o slogan "Deus, Pátria, Raça e Família". Segundo o cientista social Márcio Macedo, os ativistas da FNB acreditavam que o negro brasileiro deveria se integrar aos valores dominantes da época, como o catolicismo. Ele diz:

> Não eram negros que afirmavam que a África e suas manifestações culturais, como religiões de matriz africana, eram importantes na identidade deles. Esses conceitos só apareceriam nos movimentos negros década depois.[3]

Francisco Lucrécio, um dos fundadores da FNB, relata o seguinte sobre a ideologia da entidade:

> Não foi fácil para nós nos situarmos naquela ocasião no meio de tanta ideologia política de esquerda e de direita, socialismo, comunismo, trotskismo, mas nós mantivemos aquela linha nacionalista em defesa da pátria, família e raça.[4]

---

3 Disponível em: https://www.bbc.com/portuguese/brasil-53000662.

4 In *Frente Negra Brasileira: Depoimentos*, Marcio Barbosa, p. 46.

O nacionalismo é muito presente no depoimento de Francisco Lucrécio:

> Na Frente Negra não tinha essa discussão de volta à África. Tínhamos correspondência com Angola, conhecíamos o movimento de Marcus Garvey, mas não concordávamos. Nós sempre nos afirmamos como brasileiros (...).[5]

Alguns pesquisadores contemporâneos, contudo, tendem a classificar a FNB como extrema direita e próxima ao fascismo e ao integralismo.

Arlindo Veiga dos Santos, um dos fundadores da FNB, era patrianovista,[6] católico apostólico romano e acreditava que o restabelecimento da monarquia seria o caminho para a prosperidade do país e da população negra. De acordo com o historiador Petrônio Domingues, em "O 'messias' negro? Arlindo Veiga dos Santos (1902-1978): 'Viva a nova monarquia brasileira; Viva Dom Pedro III!'" (2006):

> No dia 12 de fevereiro de 1902, nascia Arlindo José da Veiga Cabral dos Santos na cidade de Itu,

---

5 In *Frente Negra Brasileira: Depoimentos*, Marcio Barbosa, p. 48.

6 A Ação Imperial Patrianovista Brasileira, ou simplesmente patrianovismo, foi uma organização monarquista que esteve presente em vários estados brasileiros e que expressou as ideias nacionalistas do final da década de 1920 e início da década de 1930. Idealizada por Arlindo Veiga dos Santos, visava instaurar uma nova monarquia no Brasil, baseada numa filosofia política tradicionalista. *Wikipédia*: "Patrianovismo".

interior de São Paulo. De origem humilde, iniciou naquela cidade seus estudos em escolas católicas. Ainda adolescente, revelou talento literário e jornalístico, tanto escrevendo poesias quanto colaborando em algumas publicações locais. Por problemas financeiros da família, transferiu-se para São Paulo, onde fez curso universitário na Faculdade de Filosofia e Letras de São Paulo (que se tornaria futuramente a Faculdade São Bento). Nesta instituição, concluiu o curso de Filosofia e Letras, em 1926. Destacou-se precocemente na vida acadêmica, tornando-se colaborador da revista *Filosofia* daquela instituição. A religião influenciou imensamente a formação ideológica de Veiga dos Santos. Desde a mais tenra idade, esteve ligado ao catolicismo praticante. Quando se mudou para São Paulo, filiou-se à Congregação Mariana da Imaculada Conceição de Santa Ifigênia. Foi um carola mariano muito aplicado, a ponto de ter chegado à presidência dessa irmandade, em 1940. Levava uma vida ascética, frequentando assiduamente o culto, "fazendo do jejum e da penitência hábitos constantes" (Malatian Roy, 2001: 46). Veiga dos Santos colaborou ou dirigiu alguns jornais católicos, entre os quais *O Mensageiro da Paz* e *O Século*. Ele também foi membro do Centro D. Vital de São Paulo, ligado à revista *A Ordem*, periódico de orientação ultraconservadora que congregava os intelectuais católicos, dentre os quais o proeminente Jackson de Figueiredo. Em 3 de março de 1928, em conjunto com alguns amigos, Veiga dos Santos fundou o Centro Monarquista de Cultura Social e Política Pátria-Nova (CMCSP Pátria Nova).

Na citação acima, Domingues menciona o "ultraconservadorismo" de Arlindo Veiga dos Santos; isso já dá o tom da maneira como o movimento negro contemporâneo, dominado por pensamento progressista, percebe um dos maiores nomes da luta antirracista brasileira. Para não deixar dúvidas, Domingues assevera:

> Arlindo Veiga dos Santos era, antes de mais nada, um negro reacionário, na medida em que buscava anular as forças progressistas da história e inverter a tendência de modernização da sociedade brasileira, lutando pelo restabelecimento de uma ordem política e social obsoleta. Era nacionalista xenófobo e antissemita fervoroso. (...) Descrente nas instituições da democracia liberal, culpava o capitalismo imperialista, a ação dos judeus e da maçonaria, de um lado, e os comunistas, de outro, pelas mazelas da sociedade brasileira de um modo geral, e dos negros em particular.

O movimento negro contemporâneo, que possui viés hegemonicamente progressista, tende a colocar todo negro que não esteja dentro do seu escopo ideológico como o pior dos algozes. Esse posicionamento é uma das razões pelas quais há apagamento da história de várias figuras negras relevantes como André Rebouças, José do Patrocínio[7] e Barão de Guaraciaba.[8]

O indivíduo negro desalinhado ao pensamento progressista é entendido como indivíduo que não alcançou a "consciência negra". Por sua vez, para os progressistas, tem consciência negra aquele sujeito negro que atinge a percepção do que é ser negro na sociedade brasileira (desde que esta percepção esteja de acordo com o posicionamento ideológico estabelecido por eles).

A partir da ideia de consciência negra, o movimento negro contemporâneo persegue, ferozmente, todo negro que não se identifica com sua agenda ideológica. Sabotar, linchar e ostracizar: são os verbos que comandam as ações dos ativistas em direção aos negros que possuem posicionamentos divergentes.

A campanha difamatória que é realizada por negros progressistas contra os negros que não correspondem à agenda da militância é tão severa que alguns autores apontam que o antirracismo contemporâneo

---

7 André Rebouças e José do Patrocínio tiveram protagonismo no movimento abolicionista, atuando não só em movimentos culturais que promoviam o debate sobre a abolição como arquitetando projetos para o pós-abolição voltados para inserção dos ex-escravos na sociedade.

8 Francisco Paulo de Almeida, o Barão de Guaraciaba, foi um próspero fazendeiro, banqueiro e empresário mineiro. Ele foi o primeiro barão negro do Império e permanece uma figura pouco conhecida nos dias atuais; era conhecido como barão de chocolate. Tinha um patrimônio de 700 mil contos de réis, o que garantia o status de bilionário à época. *BBC News Brasil*: https://www.bbc.com/portuguese/brasil-44792271.

se tornou um dogma religioso. Ocorre, contudo, que a "religião dos homens" nunca possui piedade divina e, assim, assume sua face de tirania. A filósofa Nina Power, em um texto publicado na revista *Compact*,[9] afirma o seguinte:

> O cristianismo e outras religiões têm uma maneira de abordar os mal-entendidos normais e as pequenas transgressões da vida social. Elas ensinam que todos são falhos e cometem erros, mas que podemos expiar e perdoar. O moralismo secular de hoje é diferente. Os arquivistas da indignação nunca esquecem ou perdoam. Progressistas ostensivamente tolerantes acabam tendo tolerância zero para a diversidade de pontos de vista.

John McWorther, em seu livro *Woke Racism: How a New Religion Has Betrayed America* (2021),[10] afirma que desde 2010 estamos na terceira onda do antirracismo:

---

9 "Opposing Liberal Intolerance". *Compact*: https://compactmag.com/article/opposing-liberal-intolerance.

10 Nessa obra, John McWorther defende a tese de que o movimento antirracista pode ser dividido em três ondas: **primeira onda**: caracterizada pela luta da abolição da escravatura e da segregação legalizada; **segunda onda**: nos anos 1970 e 1980, foi caracterizada pelo combate às atitudes racistas presentes no cotidiano dos Estados Unidos, tido como um país racista. O racismo era considerado uma falha moral; e **terceira onda**: tornou-se *mainstream* nos anos 2010 e é marcada pela ideia de que o racismo está na estrutura social. Pessoas brancas seriam cúmplices desse racismo, e essa cumplicidade constitui o racismo por si próprio.

> (...) [que tem] seu foco num extremo senso
> simplificado do que o racismo é e o que alguém
> pode fazer sobre isso, se contenta em prejudicar
> pessoas negras em nome do que nós podemos
> chamar de dogma.

Nesse trabalho, McWorther aponta que a terceira onda do antirracismo apresenta um tipo de catecismo de contradições que não faz nenhum sentido. Porém, esse catecismo representa o núcleo do dogma professado por militantes. Ou seja, **o antirracismo se tornou um dogma religioso**, cuja homilia poderia ser definida da seguinte forma:

> Lutar contra as relações de poder e seus efeitos discriminatórios deve ser o foco central de todo empenho humano, seja intelectual, moral, cívico ou artístico. Aqueles que resistirem a esse foco, ou mesmo apresentarem aderência insuficiente ao foco, devem ser severamente condenados, privados de influência e ostracizados.

Em nome do combate ao discurso heterodoxo, combate-se também o negro. O ativismo de grupos socialmente marginalizados teme que as vozes divergentes expressas de forma pública possam contribuir com os argumentos do grupo opositor. O esforço de censura empreendido por esse ativismo tem como principal foco criar uma imagem homogênea e positiva para o grupo opositor. Por essa razão, negros liberais ou conservadores são duramente repreendidos por ativistas negros.

Você, caro leitor, pode estar surpreso por saber que ativistas negros empreendem esforços para sabotar outros negros por pensarem diferente. Mas isso não é novidade! Em *Outlaw Culture* (1994), bell hooks relata que a estratégia de silenciar vozes heterodoxas dentro de círculos progressistas passou a ser um aspecto aceito: "(...) esse silenciamento velado de vozes e opiniões divergentes debilita a liberdade de expressão e amplia as forças da censura dentro e fora dos movimentos".

bell hooks (1994) aponta também que

> (...) a censura de vozes divergentes em círculos progressistas frequentemente passa despercebida. (...) usualmente, os poderosos membros do grupo promovem repressão; a mais comum é um tipo de ostracismo ou excomunhão.

A punição dos indivíduos divergentes dentro dos círculos progressistas pode acontecer através da exclusão de seus pensamentos ou textos em debates relevantes e até sua exclusão de encontros e conferências importantes. hooks (1994) afirma: "E em alguns casos, pode tomar a forma de um constante esforço feito por baixo dos panos para lançar dúvidas sobre sua credibilidade".

Em um texto sobre censura de direita e esquerda, bell hooks (1994) relata que publicou um texto criticando um trabalho de uma conhecida escritora negra. Apesar de assinalar que a crítica não reduzia a admiração que ela sentia pela autora, o artigo de hooks foi considerado um "ato de traição", e ela deixou de ser considerada uma aliada pela escritora criticada.

É isso mesmo que você leu, caro leitor! Até bell hooks já foi cancelada!

A elite da intelectualidade negra, além de assumir o papel de mediadora entre a comunidade negra e a cultura *mainstream,* aplica penalidades aos negros que manifestam publicamente posicionamentos divergentes. Esse grupo não é composto por indivíduos escolhidos pela comunidade negra. De acordo com hooks (1994), ele tende a ser determinado de acordo com "o grau em que um indivíduo conquista a consideração e o reconhecimento de um poderoso público branco".

Segundo bell hooks (1994), essa elite é

> (...) a polícia secreta, que regula ideias, determina quem pode falar onde e quando, o que precisa ser escrito e por quem, e, claro, distribuindo recompensas e punições. Esse grupo não é todo-poderoso, mas busca censurar vozes que dizem o que não é considerado aceitável.

Sobre os negros que fazem parte da vanguarda intelectual negra, a autora afirma o seguinte: "(...) [eles estão] confortáveis com a censura quando podem afirmar que é do interesse coletivo, eles não veem uma conexão entre essas ações e os esforços gerais para minar a liberdade de expressão nesta sociedade".

O ativismo antirracista percebe toda pessoa que aponta proposições divergentes para o combate ao racismo como racistas (se forem brancos) ou traidores (se forem negros); daí, nasce a urgência de cancelar todo indivíduo. Eis o que diz Jerônimo Teixeira (2020):

> (...) cancelar alguém implica a ambição de apagar sua existência, de converter uma pessoa em não pessoa. E isso evoca a imposição da desmemória que se vê no pesadelo distópico de George Orwell e nos regimes totalitários que inspiraram *1984*.

É importante que você saiba: o cancelamento aplicado ao negro que exibe pensamento divergente é acompanhado de dantesco nível de fúria e ira. Parece que a penalidade aplicada ao negro liberal ou conservador, na esfera pública, é maior daquela aplicada ao indivíduo que foi, de fato, racista. Os insultos emitidos são sempre ferinos e se relacionam a personagens do capítulo mais triste da história do Brasil – a escravidão: *mucama, capitão-do-mato, negro da casa-grande* etc. Nenhum branco que tenha cometido o crime de racismo recebe xingamento dessa natureza.

A hostilidade aplicada pelo ativismo ao negro não progressista é justificada pela crença de defesa do interesse coletivo. O cancelamento recebe um lustre de sentimento de dever: prejudicar as pessoas em nome de certas crenças demonstra o desejo de pertencer a um grupo, de fazer parte de uma história maior, de ter um senso orientador de propósito. Para McWorther – "The Herd Mentality Is All Around Us. I Still See Hope for Diversity of Thought" (2022) –, a repressão de falas via censura pode parecer algo politicamente correto, mas, na verdade, essa postura não passa de fascismo chique com *pedigree*, justificado a partir de uma artificial e romântica ideia de unidade e solidariedade.

Quem também nos explica muito bem tal fenômeno é o economista americano Thomas Sowell em seu livro *The Vision of the Anointed: Self-Congratulation as a Basis for Social Policy* (1995). De acordo com Sowell, os progressistas – "os ungidos" – entendem que sua cosmovisão não está apenas correta, mas os alavanca a um patamar elevado perante todos os outros que divergem deles:

> Apesar da advertência de Hamlet contra o autoenaltecimento, a visão dos ungidos não é simplesmente uma visão do mundo e de seu funcionamento num sentido casual. É também uma visão de si mesmos e do seu papel moral neste mundo. É uma visão de uma retidão diferenciada. Não é uma visão da tragédia da condição humana: os problemas existem porque os outros não são tão sábios ou tão virtuosos quanto eles, os ungidos.

Segundo Sowell (1995), para as pessoas influenciadas pela visão dos ungidos, "(...) aquilo que diverge da visão predominante não é visto apenas como erro, mas como pecado".

Como as ações dos ungidos carecem de evidências empíricas, eles utilizam duas táticas para obstruir o debate público:

a) demonizar o oponente;
b) desenvolver um vocabulário próprio para esconder sua fragilidade argumentativa.

Não é à toa que assistimos à emersão de termos como "lugar de fala", "racismo estrutural", "apropriação cultural" etc. Também por essa razão vemos o recorrente uso de palavras como "crise", "decolonizar", "afrocentrado", "eurocêntrico", "supremacista", "ocidental" etc. Além do vocabulário próprio, os ungidos aplicam o que Sowell (1995) chama de "inflação verbal":

> (...) as ordinárias vicissitudes da vida se transformam em traumas. Qualquer situação em que eles desejam mudanças se transforma em crise, independentemente de estar pior do que o normal ou já estar melhorando por conta própria.

Um grande prejuízo causado pela inflação verbal é o "(...) detrimento da economia como um todo, pois os recursos não são mais usados onde seriam mais produtivos na ausência das vastas novas incertezas criadas por palavras infladas".

Substantivos como "racismo", "homofobia", "violência" e "opressão" (e seus correspondentes adjetivos) são usados com o sentido original e com o sentido oferecido pela inflação verbal (que pode ser qualquer coisa!). Por exemplo: é comum vermos pessoas que divergem do discurso proeminente na agenda do ativismo LGBT serem classificadas como transfóbicas ou homofóbicas. Essas classificações também são aplicadas àqueles que cometem agressões físicas a homossexuais. O primeiro grupo de classificação é fruto da inflação verbal propagada pelos ungidos. Seu efeito indireto é reduzir a credibilidade das verdadeiras denúncias do segundo grupo de classificação. Esse mecanismo também é observável dentro do movimento negro contemporâneo.

Ainda que a inflação verbal dos ungidos gere prejuízos indiretos aos grupos que eles dizem defender, o resultado de suas ações parece desimportante:

> (...) as políticas propostas pelos ungidos não precisam funcionar no sentido de trazer melhoras concretas. Elas se justificam por sua motivação, pelas intenções associadas à compaixão, à humanidade, à virtude moral. (CAMARGO, 2019, p.198)

O movimento negro contemporâneo falha em inúmeras atitudes, mas a mais severa de todas é: tratar pessoas negras como meras abstrações políticas que podem ser "canceladas" quando a fala deixa de ser vantajosa ao que foi estabelecido pela vanguarda intelectual negra.

O racismo não vê credo nem posicionamento ideológico. O cancelamento de indivíduos negros com pensamentos heterodoxos só concede vitória a um agente: o racista.

BIBLIOGRAFIA

ALMEIDA, Silvio. (Org.) *Marxismo e Questão Racial – Dossiê Margem Esquerda*, pp. 6, 13-14. São Paulo: Boitempo, 2021.

ALMEIDA, Silvio. *Racismo Estrutural*, pp. 17, 20-21 e 40. São Paulo: Editora Jandaira, 2018.

AMARAL, Márcia Franz. "Lugares de fala: um conceito para abordar o segmento popular da grande imprensa". *Contracampo*, n. 12, pp.103-114, jan./jul. de 2005.

BARBOSA, Marcio (Org). *Frente Negra Brasileira: Depoimentos*, pp. 46 e 48. São Paulo: Quilombhoje, 1998.

BETHENCOURT, Francisco. *Racismos: das Cruzadas ao Século XX*, p. 28. São Paulo: Companhia das Letras, 2018.

CARVALHO, Marília Pinto de. "Quem são os meninos que fracassam na escola?". *Cadernos de Pesquisa*, v. 34, n. 121, pp. 11-40, jan./abr. de 2004.

CAMARGO, Anamaria. As falácias da superioridade moral ante a tragédia humana. In:XAVIER, Dennys. Thomas Sowell e a aniquilação de falácias ideológicas. São Paulo: LVM Editora, 2019.

CAVALLEIRO, Eliane. *Do Silêncio do Lar ao Silêncio Escolar: Racismo, Preconceito e Discriminação na Educação Infantil*, pp. 69-71. São Paulo: Contexto, 2015.

DEVULSKY, Alessandra. "Estado, racismo e materialismo". In: ALMEIDA, Silvio. (Org.) *Marxismo e Questão Racial – Dossiê Margem Esquerda*. São Paulo: Boitempo, 2021.

DOMINGUES, Petrônio. "O 'messias' negro? Arlindo Veiga dos Santos (1902-1978): 'Viva a nova monarquia brasileira; viva Dom Pedro III!'". *Varia Historia*, vol. 22, nº 36: pp. 517-536, jul./dez. de 2006.

ECHOLS III, John M. "Does Socialism Mean Greater Equality?", 1981. Disponível em: https://www.jstor.org/stable/2110910?seq=1.

hooks, bell. *A Gente é da Hora: Homens Negros e Masculinidade*, p. 92. São Paulo: Elefante, 2022.
_____. *Outlaw Culture*, pp. 75-81. Nova York: Routledge, 1994.

KIRK, Russell. *A Política da Prudência*, p. 144. São Paulo: É Realizações, 2013.

LORDE, Audre. *Irmã Outsider: Ensaios e Conferências*, p. 200. Belo Horizonte: Autêntica, 2020.
MCWORTHER, John. *Woke Racism*, pp. 8 e 11. Nova York: Penguin, 2021.
_____. "The Herd Mentality Is All Around Us. I Still See Hope for Diversity of Thought". Disponível em: **https://www.nytimes.com/2022/08/19/opinion/herd-mentality.html%20.**

MINISTÉRIO DA JUSTIÇA (MJ). "Relatório do Comitê Nacional para a Preparação da Participação Brasileira na III Conferência Mundial das Nações Unidas Contra o Racismo, Discriminação Racial, Xenofobia e Intolerância Correlata", p. 11. Ministério da Justiça. Brasília: MJ/SEDH, 2001.

MOMBAÇA, Jota. "Notas estratégicas quanto ao uso político do conceito de lugar de fala". Disponível em: https://goo.gl/DpQxZx.

RIBEIRO, Djamila. *O que É Lugar de Fala?*, pp. 67-69, 84 e 86. Belo Horizonte: Letramento, 2017.

RIOS, Flavia. "A questão racial na formação dos partidos brasileiros: os casos do PT e PDT no contexto da redemocratização", 2014. Disponível em: https://

revistaterceiromilenio.uenf.br/index.php/rtm/
article/download/89/61/.

SALDANHA, Paulo. "4 em cada 10 jovens negros não terminaram o ensino médio". *Folha de S.Paulo*, 2019. Disponível em: https://www1.folha.uol.com.br/educacao/2019/09/4-em-cada-10-jovens-negros--nao-terminaram-o-ensino-medio.shtml.

SANTOS, Joel Rufino dos. *O que É Racismo*, p. 46. São Paulo: Brasiliense, 1984.

SOUZA, Jessé. *Como o Racismo Criou o Brasil*, pp. 16, 21-24, 29-30, 45, 47 e 49. Rio de Janeiro: Estação Brasil, 2021.

SOWELL, Thomas. *The Vision of the Anointe: Self-Congratulation as a Basis for Social Policy*, pp. 3, 5 e 215-16. Nova York: Basic Books, 1995.

_____. *Discriminação e Disparidades*, p.128. Rio de Janeiro: Record, 2020.

TEIXEIRA, Jerônimo. "Apresentação". Dossiê *A Cultura do Cancelamento, Cancelamento da Cultura*. Revista *Cult*, edição 258, pp.14-19, junho de 2020.

WILLIAM, Rodney. *Apropriação Cultural*, pp. 27, 32, 35, 49, 53 e 132. São Paulo: Editora Jandaira, 2020.

LEIA TAMBÉM

RODRIGO CONSTANTINO

PENSADORES DA LIBERDADE

RAFAEL FONTANA

CHINOBYL

UMA JORNADA PELAS ENTRANHAS DA
DITADURA COMUNISTA

ROBERTO MOTTA
A CONSTRUÇÃO DA MALDADE
COMO OCORREU A DESTRUIÇÃO DA SEGURANÇA PÚBLICA BRASILEIRA

PHILIPPE MURAY
O IMPÉRIO DO BEM
A DITADURA DO POLITICAMENTE CORRETO

"UM DOS MAIORES ESCRITORES DO SÉCULO 20. UM GÊNIO DA CRIAÇÃO LITERÁRIA."
MICHEL HOUELLEBECQ

ASSINE NOSSA NEWSLETTER E RECEBA INFORMAÇÕES DE TODOS OS LANÇAMENTOS

www.faroeditorial.com.br

Campanha

Há um grande número de pessoas vivendo com HIV e hepatites virais que não se trata. Gratuito e sigiloso, fazer o teste de HIV e hepatite é mais rápido do que ler um livro.

Faça o teste. Não fique na dúvida!

ESTA OBRA FOI IMPRESSA EM MAIO DE 2023